W0189743

BERNHARD LINS

DER KLEINE RIESE IM STRASSENVERKEHR

BERNHARD LINS

DER KLEINE RIESE IM STRASSENVERKEHR

ILLUSTRIERT VON ALENA SCHULZ

TYROLIA

Die Lieder aus diesem Buch erhalten Sie auch als MC und CD:
„DER KLEINE RIESE IM STRASSENVERKEHR" von Bernhard Lins,
erschienen bei Tyrolis, Zirl
Auslieferung für den Buchhandel in Österreich: Tyrolia-Verlag (Innsbruck),
Deutschland: Echter-Verlag (Würzburg), Schweiz: Herder AG (Basel)

Weitere Bücher von Bernhard Lins und Alena Schulz im Tyrolia-Verlag:

Der kleine Riese will gesunde Zähne
Kleine Riesen werden groß

Die Lieder aus diesen Büchern sind auch als MC erhältlich.

Die Deutsche Bibliothek – CIP-Einheitsaufnahme

Der kleine Riese im Straßenverkehr / Bernhard Lins.
III. von Alena Schulz. – Innsbruck ; Wien : Tyrolia-Verl., 1994
ISBN 3-7022-1955-2
NE: Lins, Bernhard; Schulz, Alena

1994
Alle Rechte bei der Verlagsanstalt Tyrolia, Innsbruck
Farblithos: Tiroler Repro, Innsbruck
Druck und Bindung: Athesia-Tyrolia Druck, Innsbruck

Als der kleine Riese schon größer war, durfte er einmal alleine in die Stadt. „Sei aber vorsichtig!" sagte Mama. „Und komm nicht zu spät nach Hause!" sprach Papa.

„Habt keine Angst", sagte der kleine Riese, „ihr könnt euch auf mich verlassen."

Als der kleine Riese über die Wiese lief, fühlte er sich noch müde. Er rieb sich den Schlaf aus den Augen und machte einen Purzelbaum. Dann machte er gleich noch einen, holte tief Luft und war endlich hellwach. Und das ist wichtig, wenn einer in die Stadt will. Träumer haben im Straßenverkehr nichts verloren.

Hellwach

F   **C7**   **Dm**   **C7**   **Bb**

1. Ge-stern lag ich lan-ge wach, denn zu Hau-se gab es Krach. Das fand ich nicht

F   **G7**   **C7**   **F**   **C7**

fein und schlief noch lang nicht ein. 2. Mor-gens stand ich mü-de auf.

Dm   **C7**   **Bb**   **F**   **C7**

Du, ich war schon bes-ser drauf. Doch mit ei-nem Kuß war mit dem Är-ger

F   **F**   **F**   **C7**

Schluß. Hell-wach ge-he ich aus dem Haus. Hell-wach schau-e ich vor-

F   **F7**   **Bb**   **F**   **C7**   **F**

aus. Hell-wach hö-re ich gut hin, weil ich kein Träu-mer bin. Hell-

F   **C7**   **F**   **F7**

wach ge-he ich aus dem Haus. Hell-wach schau-e ich vor-aus. Hell-wach hö-re ich gut

8

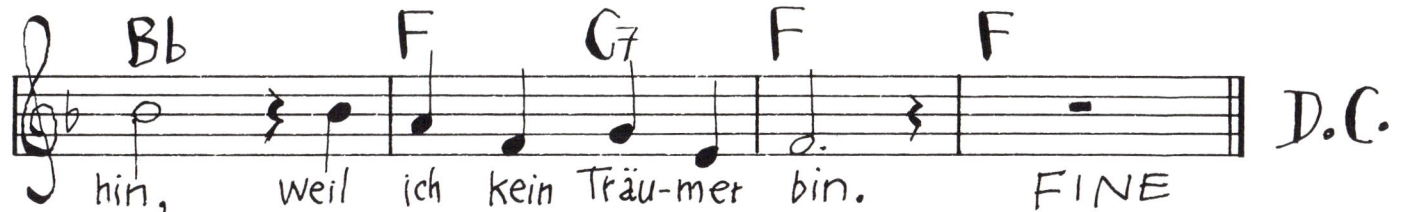

Bb F G7 F F
hin, weil ich kein Träu-mer bin.
FINE
D.C.

3.

Träumer machen im Verkehr
allen nur das Leben schwer.
Träumer find ich nett,
doch nur des Nachts im Bett.

4.

Wenn ich an der Fahrbahn steh
und nach beiden Seiten seh,
wünsch ich mir so sehr,
kein Träumer kommt daher.

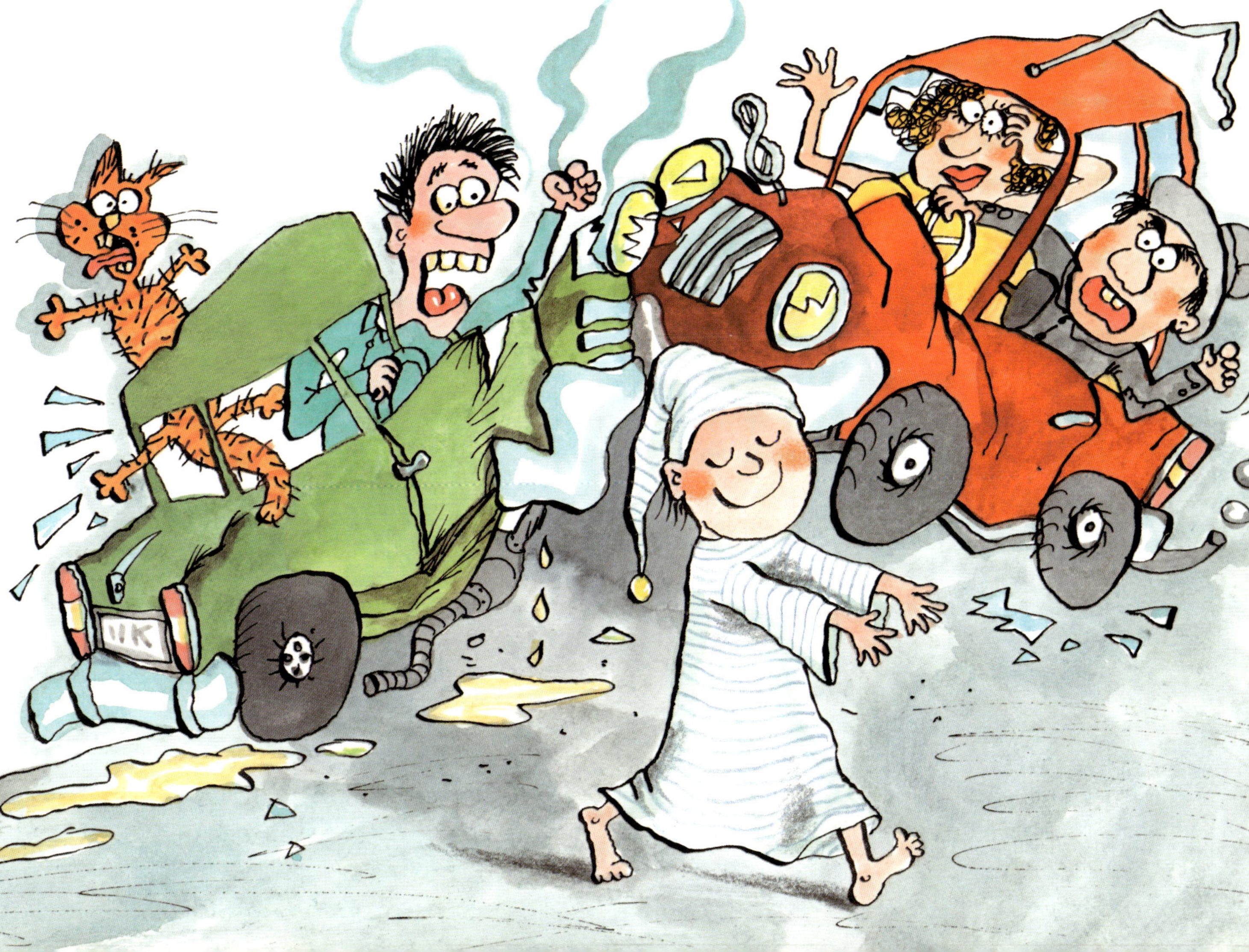

„Guten Morgen!" rief der kleine Riese, als er bei der lieben Hexe Wackel-
zahn vorbeikam. „Guten Morgen", lachte Wackelzahn.
„Du hast ja blitzblanke Zähne. Hast du sie auf neu gezaubert?" fragte der
kleine Riese.
„Gezaubert? Du bist gut. Mein Zahnarzt ist ein Künstler. Ich habe keinen
Wackelzahn mehr. Du darfst ab heute Elfriede zu mir sagen."
„Elfriede?" lachte der kleine Riese. „Elfriede, das ist aber ein lustiger
Name für eine Hexe!"
„Ein lustiger Name für eine lustige Hexe", lachte Elfriede.
„Übrigens, Elfriede, heute darf ich in die Stadt", sprach der kleine Riese.
„Das trifft sich gut. Vortrefflich!" freute sich Elfriede.

„Ich muß auch in die Stadt. Heute aber kann ich leider nicht fliegen. Mein Besen streikt wieder einmal. Ich brauche Zaubersalz."

Und gleich machten sich beide auf den Weg.

„Komm, wir gehen am linken Fahrbahnrand, denn hier gibt es keinen Gehweg. Dann können wir die entgegenkommenden Fahrzeuge von vorne sehen und bei Gefahr besser ausweichen", sprach der kleine Riese. „Im Straßenverkehr gibt es Regeln. Die Straße ist kein Hühnerhof!"

Die Straße ist kein Hühnerhof

C   F   G7   C

Die Stra-ße ist kein Hüh-ner-hof. Wer das nicht ein-sieht, der ist doof. Wer

F   G7   C

sich nicht an die Re-geln hält, nicht sel-ten auf die Na-se fällt. Die Stra-ße

F   G7   C

ist kein Hüh-ner-hof. Wer das nicht ein-sieht, der ist doof. Wer sich nicht an die

F   G7   C   G7

Re-geln hält, kommt ir-gend-wann nicht an. (FINE) **1.** Ein Gok-kel-hahn steht

C   G7   C   G7   C

auf dem Mist und meint, daß er der Größ-te ist. Er jagt die Hüh-ner kreuz und

D7   G7   G7

quer auf dem Hüh-ner-hof um-her. Die

12

2. So mancher im Verkehr macht Mist
und meint, daß er der Größte ist.
Er jagt die andern kreuz und quer
auf der Straße vor sich her.

3. Denn Regeln gibt es – klarer Fall –
bei Sport und Spiel und überall.
Mit Rücksicht – nicht nur im Verkehr –
wäre alles halb so schwer.

„Überall gibt es Regeln", stimmte die Hexe Elfriede dem kleinen Riesen zu. „Beim Mensch-ärgere-dich-nicht-Spielen, beim Zähneputzen und auch im Straßenverkehr."
So gingen sie im Gänsemarsch auf der linken Fahrbahnseite.
Vorne der kleine Riese und hinten Elfriede.
„Mensch!" rief Elfriede, „hier stinkt's abscheulich nach Diesel und Benzin. Wenn ich mit meinem Besen fliege, gibt es keine Abgase. Wie diese Autos, die Motorräder und die Mopeds stinken! Und der Lärm, den sie machen!"
Dabei hielt sie sich Ohren und Nase zu. „Da lob ich mir wirklich meinen Besen", rief Elfriede, „diese Stinker soll der Kuckuck holen. Puh!"

Flinker Stinker

1. Wenn die Mo-peds knat-tern, daß die Oh-ren flat-tern, hal-te ich die Na-se zu, und dann mach ich: Puh, Puh, Puh. Wenn die Mo-peds ra-sen, wie ein Stink-tier ga-sen, find ich das ge-mein, denn das muß nicht sein. He, flin-ker Stin-ker geh vom Gas und ver-zicht auf dei-nen Spaß. Ich hab die Na-se voll. Das fin-de ich nicht toll. He, flin-ker Stin-ker geh vom Gas und ver-zicht auf dei-nen Spaß. Ein

Mo-ped sieht das ein, muß doch kein Stink-tier sein. (FINE)

2. Wenn die Autos sausen,
über Straßen brausen,
halte ich die Nase zu
und dann mach ich: PUH!
Wenn die Autos rasen,
wie ein Stinktier gasen,
find ich das gemein,
denn das muß nicht sein.

3. Wenn die Laster brummen,
daß die Ohren summen,
halte ich die Nase zu
und dann mach ich: PUH!
Wenn die Laster rasen,
wie ein Stinktier gasen,
find ich das gemein,
denn das muß nicht sein.

„Auch Busse stinken aus dem Auspuff", ärgerte sich Elfriede. „Warum heißt es eigentlich, man soll – wenn möglich – mit dem Bus fahren?"
„Ja, Busse können nicht nach Vanillesoße riechen. Aber wenn viele Leute mit dem Bus fahren, dann gibt es weniger Autos auf den Straßen, weniger Verkehr, und deshalb weniger Gestank", erklärte der kleine Riese. Das sah Elfriede ein.

Ihre Füße taten schon weh. So weit war sie schon lange nicht mehr gelaufen. „Wann kommt denn endlich die Stadt?" fragte Elfriede ungeduldig. „Die kommt nie", lachte der kleine Riese, „aber wir kommen bald in die Stadt. Vergiß einfach deine müden Beine und hör mir zu. Ich erzähl dir, was ich neulich geträumt habe."

Der Traum im Badeschaum

1. Ich lag ein-mal im Ba-de-schaum und hat-te ei-nen schö- nen Traum. Fi-de-ral-la- la. Fi-de-ral- la- la. Fi-de-ral- la- la- la la. Der

20

2. Der Tankwart macht den Laden dicht.
Benzin und Diesel gab es nicht.

3. Denn aus dem Schlauch kam mit Gebraus
statt Sprit nur Limonade raus.

4. Es roch nach Veilchen und Jasmin
anstatt nach Diesel und Benzin.

5. Die Kinder freuten sich so sehr,
denn endlich ruhte der Verkehr.

6. Der Lehrer zog die Rollschuh an
und rollte auf der Autobahn.

7. Der Herr Direktor, Mann oh Mann,
kam heut mit einem Dreirad an.

8. Vor Freude tanzt ein Polizist
gleich bei der Kreuzung Gummitwist.

9. Ich wachte auf im Badeschaum.
Und leider war es nur ein Traum.

„Fiderallala", sang Elfriede, zeigte auf eine Auslage im Geschäft auf der anderen Straßenseite und wollte gleich über die Fahrbahn rennen. Der kleine Riese hielt sie am Arm zurück und schrie sie an: „Bist du noch zu retten! Bevor du die Fahrbahn überquerst, heißt es immer zuerst stehen bleiben, nach beiden Seiten schauen, eine große Lücke im Verkehr abwarten, und erst wenn du sicher bist, daß kein Fahrzeug kommt, kannst du die Straße überqueren. Am besten machen wir aber den kleinen Umweg zum Zebrastreifen da vorne. Bleiben am Gehsteigrand stehen…"
„Schauen nach beiden Seiten und warten eine große Lücke im Verkehr ab", sagte die gelehrige Hexe Elfriede.

Hallo Partner

1. Ich will über die Straße und steh am Geh-steig-rand. Nun hält ein Au-to-fah-rer und gibt Zei-chen mit der Hand. Ich schau nach bei-den Sei-ten, und nun ist es so-weit. Kön-ner het-zen nie, Kön-ner ha-ben Zeit.

1. Ich

2. Hal-lo Part-ner, dan-ke-schön. Pri-ma, daß wir uns ver-stehn. Hal-lo Part-ner, gern ge-schehn und auf Wie-der-sehn. Ja, hal-lo Part-ner, dan-ke-schön. Pri-ma, daß wir

uns ver-stehn. Hal-lo Part-ner, gern ge-schehn und auf Wie-der-sehn. Ich

D.S.
FINE

2. Ich fahr zu meiner Arbeit, es ist schon etwas spät.
Ich seh da vorn die Kleine, die an der Kreuzung steht.
Ich schau in meinen Spiegel, und dann erst halt ich an,
damit die Kleine nun hinübergehen kann.

3. Ich hab an einer Kreuzung beinah wen übersehn.
Für mich hat einer aufgepaßt, für mich blieb einer stehn.
Er zeigt dir keinen Vogel, er ist nicht aufgebraust.
Könner bleiben ruhig, zeigen keine Faust.

4. Auch Könner machen Fehler, egal ob alt ob jung.
Kommt dies vor, dann winken sie: Entschuldigung!
Sie winken statt zu hupen und blinken niemals stur,
hetzen nie wie Wilde auf der linken Spur.

Zehn Kilo Zaubersalz hatte Elfriede eingekauft. „Willst du denn die ganze Stadt verzaubern?" fragte der kleine Riese verwundert.
Elfriede aber gab keine Antwort. Sie blieb vielmehr vor dem Gehsteigrand stehen und schaute nach beiden Seiten. „Ich muß das üben", lachte sie.
„Dann komm mit", rief der kleine Riese, „da vorne ist ein Fußgängerübergang. Und wenn die Fußgängerampel grün leuchtet und alle Fahrzeuge stehen, dann überqueren wir die Fahrbahn. Aber nicht vergessen: Immer nach beiden Seiten schauen und auf einbiegende Fahrzeuge achten."
„Ich weiß, ich weiß", sagte Elfriede, „ich habe heute doch schon so viel von dir gelernt. Wir müssen alle Partner sein. Im Straßenverkehr gibt es keine Extrawürste, nicht für kleine Riesen und nicht für Hexe Wackel … wollte sagen: für Elfriede."

Keine Extrawurst

1. Ein Au-to hat vier Rä-der, ein Fahr-rad hat nur zwei. Ein Re-gen-wurm hat kei-ne und fühlt sich wohl da-bei. Ich hab statt Rä-dern Bei-ne, die lau-fen und die gehn, doch vor der Geh-steig-kan-te, da blei-ben sie gleich stehn. Kei-ne Ex-tra-wurst für dich, kei-ne Ex-tra-wurst für mich. Ex-tra-wür-ste, bit-te sehr, gibt es nie-mals im Ver-kehr. Kei-ne Ex-tra-wurst für dich, kei-ne Ex-tra-wurst für mich. Und wenn du auch noch so knurrst, es gibt kei-ne Ex-tra— wurst. Ein

(FINE)

28

2. Ein Auto hat vier Räder,
das weiß das kleinste Kind.
Doch Autofahrer meinen,
daß sie die Größten sind.
Wir alle auf den Straßen,
wir sind im selben Boot.
Daß jeder sicher heimkommt,
ist wichtigstes Gebot.

3. Für alle heißt es Vorsicht,
für alle, groß und klein.
Für alle heißt es Rücksicht
und Nachsicht obendrein.
Wir alle auf den Straßen,
wir sind im selben Boot.
Daß jeder sicher heimkommt,
ist wichtigstes Gebot.

„Extrawurst hin oder her. Mein Salzsack ist zehn Kilo schwer!"

„Oh, du hast ja ein Gedicht gemacht!" rief der kleine Riese. „Du trägst das Salz, und ich trage mit dir zusammen die Verantwortung, daß wir wieder gut nach Hause kommen."

Plötzlich lachte jemand hinter ihnen. Die beiden drehten sich um, und der kleine Riese sah seinen Freund Erich, den Polizisten.

„Hallo ihr zwei", sprach der. „Wieder einmal unterwegs? Und heute in netter Begleitung!"

Elfriede freute sich und wurde ganz rot im Gesicht.

„Ja, ja", lachte der kleine Riese, „wir sind schon auf dem Heimweg."

„Na dann tschüs", sprach der Polizist. „Ich habe auch bald Feierabend. Dann zieh ich mich um und fahre mit dem Rad nach Hause."

Niemals oben ohne

1. Ich fah-re ger-ne Rad, denn Rad-fahrn ist nie fad. Ich
fah-re ein-fach so, denn Rad-fahrn macht mich froh. Doch
nie-mals o-ben oh-ne ei-nen Helm auf der Me-lo-ne. Mein
Fahr-rad-helm, der nützt. Mein Fahr-rad-helm, der schützt. Drum
nie-mals o-ben oh-ne ei-nen Helm auf der Me-lo-ne. Denn oh-ne
Helm am Kopf wär ich ein ar-mer Tropf. Ich

32

2. Ich fahr zum Rummelplatz,
zur Schule und zum Schatz.
Wüßt oft nicht, was ich tät,
wenn ich kein Fahrrad hätt.

3. Ich habe mir gedacht,
schau, wie's ein Profi macht.
Der trägt den Helm am Kopf
und keinen alten Topf.

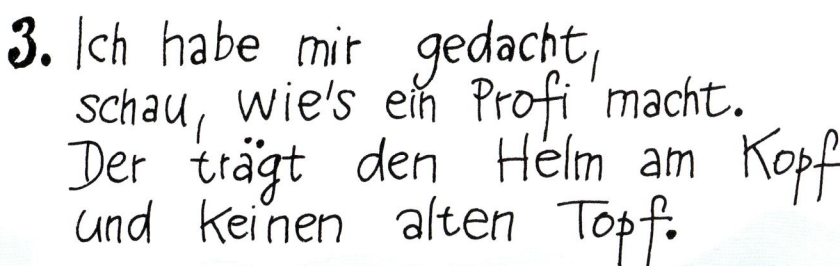

„Ich weiß nicht, wie schwer du an deiner Verantwortung zu tragen hast",
sagte Elfriede, „mir jedenfalls wird der Salzsack einfach zu schwer."
„Dann streu doch etwas von deinem Salz. Vielleicht wird dann der ganze
Verkehr verzaubert", meinte der kleine Riese.
„Danke für den guten Rat", sprach Elfriede. „Meinst du etwa, ich hätte
das Zaubern verlernt, nur weil du nicht mehr Hexe Wackelzahn zu mir
sagst? Wir fahren jetzt mit dem Bus nach Hause."
Im selben Moment hielt auch schon ein Bus an. Dem kleinen Riesen kam
das sehr seltsam vor. Er war sich nicht sicher, ob Elfriede nicht doch
schon heimlich ein bißchen Zaubersalz gestreut hatte.
Als sie im Bus saßen, wurden sie von einem blauen Auto überholt. Und
wie der Fahrer hupte! Der Busfahrer schüttelte nur den Kopf und sprach:
„Der hat es aber eilig. Dem würde ich gerne einmal meine Meinung
sagen. Warum der wohl so fährt?"

Paul, da ist was faul

1. Er hat zwei süße Kin-der und ei-ne lie-be Frau. Bei sei-ner Ar-beit

nimmt er's im-mer sehr ge-nau. Zu-haus und in der Fir-ma, da stellt er sei-nen

Mann, und je-der weiß, daß man sich auf ihn ver-las-sen kann. Er

ist bei al-len Mit-ar-bei—tern sehr be-liebt. Er bleibt im-mer ruhig, auch

wenn es Är-ger gibt. He Paul, da ist was faul.

Ich sag dir, Paul, da ist was faul. Du fährst heut wie-der, Mann oh

Mann, wie man's im Kri-mi se-hen kann, oh Paul, da ist was faul. (FINE)

2.

Beim Autofahren aber, da ändert sich sein Stil.
Da öffnet sich bei ihm ganz plötzlich ein Ventil.
Da läßt er einfach Dampf ab mit dem Gaspedal.
Da ist der Herr Kollege nicht mehr ganz normal.
Er duldet nun auf einmal keine Konkurrenz.
Er bleibt nicht mehr fair. He Paul, wo brennt's?

3.

Die vielen roten Ampeln, die bringen ihn in Wut.
Er weiß genau, das tut dem Kreislauf nicht sehr gut.
Kommt er nach Feierabend gar in einen Stau,
dann ärgert er sich meistens wieder grün und blau.
Dann geht sein Puls wie rasend, die Hände werden naß.
Dann wird sein Autositz zu einem Pulverfaß.

4.

Und voller Schadenfreude gibt Paul den Blinker raus,
wird zum Kolonnenspringer und spielt Katz und Maus.
Was er bei seiner Arbeit an Ärger alles schluckt,
wird jetzt beim Autofahren alles ausgespuckt.
Und macht ein andrer Fehler, sieht Paul sofort rot.
Er zeigt ihm den Vogel, steht selbst im Halt verbot.

Bei der nächsten roten Ampel hatte der Bus das blaue Auto wieder eingeholt.

Schnell öffnete Elfriede unauffällig das Fenster und streute rasch ein bißchen Zaubersalz auf das blaue Autodach.

„Nur ein Versuch", flüsterte sie dem kleinen Riesen ins Ohr.

Nun zeigte die Ampel grün, und der Fahrer des blauen Autos winkte dem Busfahrer freundlich zu und gab ihm Vorfahrt.

Der Busfahrer lächelte verwundert und bedankte sich.

„Es wirkt! Es funktioniert!" schrie Elfriede ganz laut, sodaß sich alle Leute im Bus zu ihr umdrehten.

Bald stiegen beide aus dem Bus. Über die Wiese lief schon Elfriedes Dackel daher.

Ein Radfahrer fuhr an ihnen vorbei. Er klingelte und rief: „Tschüs, ihr beiden!" Es war Erich, der Polizist.

„Tschüs! Vielleicht bis morgen!" riefen ihm die beiden nach. Erich winkte mit der Hand, und bald war nur noch das kleine, rote Rücklicht seines Fahrrads zu sehen.

Langsam wurde es dunkel. Und bald lagen der kleine Riese und Elfriede in ihren Betten und träumten von flinken Stinkern, vom Zaubern, von Zebras und von freundlichen Polizisten.

Elfriedes Dackel schlief im Körbchen und träumte von einer riesengroßen Wurst.